Swedish
A Comprehensive Guide to Learning the Swedish Language Fast

© **Copyright 2015**

All rights Reserved. No part of this book may be reproduced in any form without permission in writing from the author. Reviewers may quote brief passages in reviews.

Disclaimer: No part of this publication may be reproduced or transmitted in any form or by any means, mechanical or electronic, including photocopying or recording, or by any information storage and retrieval system, or transmitted by email without permission in writing from the publisher.

While all attempts have been made to verify the information provided in this publication, neither the author nor the publisher assumes any responsibility for errors, omissions or contrary interpretations of the subject matter herein.

This book is for entertainment purposes only. The views expressed are those of the author alone, and should not be taken as expert instruction or commands. The reader is responsible for his or her own actions.

Adherence to all applicable laws and regulations, including international, federal, state and local laws governing professional licensing, business practices, advertising and all other aspects of doing business in the US, Canada, UK or any other jurisdiction is the sole responsibility of the purchaser or reader.

Neither the author nor the publisher assumes any responsibility or liability whatsoever on the behalf of the purchaser or reader of these materials. Any perceived slight of any individual or organization is purely unintentional.

Contents

INTRODUCTION 6

CHAPTER 1- PRONUNCIATION, GREETINGS, AND GOODBYES 9
- Pronunciations 10
- Greetings 12
- Goodbyes 13

CHAPTER 2 – SOME COMMON PHRASES AND QUESTIONS 15

CHAPTER 3 – SWEDISH NUMBERS 34

CHAPTER 4 – 1951 MOST COMMON SWEDISH WORDS 39
- A 39
- B 45
- C 52
- D 59
- E 64
- F 68
- G 75
- H 79
- I 85
- J 88
- K 90
- L 92
- M 98

N 104
O 107
P 111
R 118
S 123
T 135
V 144
W 147
Y 152

CHAPTER 5 – SWEDISH PRONOUNS 154

Personal Pronouns 154
Possessive pronouns 157

CHAPTER 6 – SOME FINAL TIPS FOR LEARNING SWEDISH FAST 159

CONCLUSION 162

Introduction

Hey! Or perhaps I should say ´hej´ as they say in Sweden. We haven't had a chance to introduce ourselves, yet the lecture has already started. My name is Lars Svensson and I live in Stockholm Sweden. My passion is teaching languages and in this book, I will help you to learn Swedish as fast as possible.

In this introduction, I just wanted to explain a little bit about what you will receive in this book. First, we'll go over Pronunciation, Greetings, and goodbyes. After that, we'll take a look at some common phrases and questions. In chapter three, you'll learn how to count in Swedish. Then after that, we'll dive into the 1951 most common words in the Swedish language. In chapter five, you'll get Swedish Pronouns to practice on. Last but not least, you'll receive some final tips for learning Swedish fast.

As you can see, we are going to cover a lot of things. I hope you are as ready as I am to get started. My recommendation is that you do not consume this book all at once. Instead, take one chapter each day and repeat the Swedish words and phrases out loud. Your goal in the beginning is not to pronounce the words correctly. Your aim is to get a feel for the Swedish language. Perfection is your biggest enemy when you're trying to learn a new language. I always recommend that my students immerse themselves in the language. Listen, read and speak as much as possible in Swedish.

Now, I said that you shouldn't consume this book all at once. I would also like you to treat this book similar to a dictonary. What I mean by this is that you should return to this book. Do not read it once and then put it down forever. Instead go back to different chapters again and again. For example, I think you'll really enjoy chapter 2 with it's common phrases. Not only will you learn some proven icebreakers, but you'll also discover how to get to know a Swede by asking different questions. Okay, enough talking, let's get into the meat and potato – or, should I say, "let's get into the Swedish meatballs and potatoes." (probably Sweden's most famous dish).

Thank you so much for choosing to get started with this book, I will do my best to help you.
Your new friend
Lars Svensson

Chapter 1- Pronunciation, Greetings, and goodbyes

In this chapter, you'll learn about pronunciations, greetings, and goodbyes in Swedish. In some countries, it might be appropriate with cheek-kissing, but in Sweden, that's a rare occasion. So to make a good first impression, follow the guidelines in this chapter. The most common way of greeting someone is just to say "Hej" which means "Hi."
It's important to understand that Swedish people are aware of the fact that Swedish is one of the most difficult languages to learn. So we don't expect you to know our language. We will, however, appreciate that you are trying your best to speak it. Also, understand that Swedish people are often pretty good at speaking English, so feel free to speak English or what we call "Svengelska" (a mix of Swedish and English). I will want to mention that your best luck of speaking English with a Swedish person is to speak to the younger generation. They are grown up with computer games, TV shows, etc. that are mostly in the English language.

Pronunciations

Let's get started with some basic Pronunciation before we get into the greetings and goodbyes. Different letters will be pronounced differently depending on which letter follows the letter. So for example, let's say I have two words that start with the letter G:

1. Ganska (quite) = The English sound for G will be G since the G is before the letter A.

2. Ge (give) = Now the letter G will have the English sound of a J since it's before the letter E.

Sounds complicated? I know, but you'll learn as time goes on. Let's get into the full list of Pronunciations, so you have a reference for each word. The left side will be the Swedish letter(s) while on the right side of the ´=,' you'll have the English sound.

- ✓ G = G if the following letter is either, A, O, Å, U or unstressed E.

- ✓ G = K if the following letter is a T (very rare)

- ✓ G = J if the following letter is either R, Ö, I, E, Ä or Y
- ✓ GJ = J
- ✓ CH = SH
- ✓ X = KS
- ✓ CK = K
- ✓ K = Soft CH sound if the following letter is either Ö, Ä, E, I or Y
- ✓ V, W = V
- ✓ Q = K
- ✓ SCH = SH
- ✓ TI(on) = SH
- ✓ TJ = Soft CH sound
- ✓ Z = S

You might have noticed the words Å, Ä, Ö. These words are the end of the Swedish alphabet. These letters are unique to Sweden and can perhaps feel a little bit overwhelming to learn in the beginning. However, they aren't that difficult to pronounce:

Å = AU sound (Brittish accent). For example, some Swedish people spell their name "Paul" as "Pål."

Ä = Similar to AI, as in hair. Pronounce this letter while smiling, and you'll have a bigger chance of pronouncing it correctly.

Ö = Think of the word "bird." How do you pronounce the letter "I" in that word? That's the closest explanation I can give to pronouncing Ö in Swedish.

Okay, so don't get too caught up in the pronunciation. You'll learn the ropes as you start speaking and listening to Swedish.

Let's get into some fun stuff. How to actually greet someone in Swedish.

Greetings

Hi, Hi there, how are you, how do you do, hello = Hej

Hi, Hi there, how are you, how do you do, hello = Tjena

Hi there = Tja (The cool way of greeting someone in Swedish)

Long time no see = Det var längesen
How are you? = Hur står det till?

I'm good, thanks for asking, how are you? = Bara bra tack, du då?

Good morning = God morgon

Good afternoon = God eftermiddag

Good evening = God kväll

Pleased to meet you = Trevligt att råkas

Goodbyes

Goodbye = Hejdå

Good night = God natt

Good luck = Lycka till

Have a nice day = Ha en trevlig dag

Have a good trip/journey = Trevlig resa

Bon appetit, have a nice meal = Smaklig måltid

We speak later, I talk to you soon = Vi hörs

We see each other soon again, I'll see you later = Vi ses snart

I'll catch up with you later = Vi får snacka mer sen

Thank you for a wonderful time = Tack för en trevlig stund

Perhaps we could meet again soon? = Vi kanske kan ses igen snart?

Chapter 2 – Some common phrases and questions

In this chapter, we'll discuss some common phrases that will be useful for you to know. I have tried to categorize them for you, so each phrase will be easy for you to find when needed.

When you just want to show appreciation

Thank you very much = Tack så mycket

I'm happy to hear that = Jag är glad att höra det

Very tasty food, really! = Jätte good mat, verkligen

Thank you for the dinner = Tack för maten

Thanks for the ride = Tack för skjutsen

Some proven icebreakers

How are you doing today? = Hur mår du idag?

What a nice dress = Vilken fin klänning du har

What a nice shirt = Vilken fin tröja du har

It looks as if it's going to rain = Det ser ut som om det kommer börja regna

Finally, the sun is arriving = Äntligen kommer solen fram

It's nice weather today = Det är fint väder idag

Did you hear about [news] = Hörde du talas om [news]?

What kind of drink is that? = Vad dricker du för någonting?

What a lovely name, are you named after someone? = Vilket fint namn, är du döpt efter någon speciell person?

Do you work here? = Arbetar du här?

Do you like working here? = Tycker du om att arbeta här?

How long have you worked here? = Hur länge har du arbetat här?

Do you know where [location] is? = Vet du vart [location] är?

Do you want some coffee? = Vill du ha kaffe?

Do you want a beer? = Vill du ha en öl?

Can I borrow the computer? = Kan jag få låna datorn?

Can I borrow your phone? = Kan jag få låna din telefon?

Excuse me, do you know what time it is? = Ursäkta mig, vet du vad klockan är?

Do you really have ice bears walking on the streets in Sweden? = Har ni verkligen isbjörnar som vandrar på gatorna i Sverige?

When you want to get to know someone

What's your name? = Vad heter du?

My name is = Jag heter

Where are you from? = Vart kommer du ifrån?

I'm from = Jag är från

How do you like the food? = Vad tyckte du om maten?

What's your favorite food? = Vilken är din favorit mat?

What's your favorit color? = Vilken är din favorit färg?

How old are you? = Hur gammal är du?

What do you do for a living? = Vad arbetar du med?/Vad jobbar du med?

What do you think of Donald Trump? = Vad tycker du om Donald Trump?

How do you mean? = Hur menar du?

Do you want to dance? = Ska vi dansa?

Where are you born? = Vart är du född?

Do you have any siblings? = Har du några syskon?

How many siblings do you have? = Hur många syskon har du?

Are you happy working here? = Trivs du bra med att arbeta här?

How come you started working here? = Hur kommer det sig att du började arbeta här?

Are you happy living here? = Trivs du bra med att bo här?

Are you married? = Är du gift?

Do you got a girlfriend? = Har du en flickvän?

Do you got a boyfriend? Har du en pojkvän?

Do you want to go out on a date with me? = Vill du gå ut på en dejt med mig?

Do you play sports? = Håller du på med någon sport?

Do you workout? = Tränar du?

Do you like to go on walks? = Tycker du om att gå på promenader?

Do you have any hobbies? = Har du någon hobby?

Do you enjoy fixing cars? = Tycker du om att fixa med bilar?

Do like to ski? = Tycker du om att åka skidor?

Do you enjoy the winter or do you like the summer better? = Tycker du om vintern eller tycker du mer om sommaren?

Have you ever been to New York? = Har du någonsin besökt New York?

Do you like to travel? = Tycker du om att resa?

Where is your favorite place to travel to? = Vilken är ditt favorit resemål?

Do you smoke? = Röker du?

Do you like to play video games? = Tycker du om att spela videospel?

Do you like to play computer games? = Tycker du om att spela datorspel?

Have you ever been to [place] = Har du någonsin besökt [place]

What a nice car, is it a Volvo? = Vilken fin bil, är det en Volvo?

Can you show me how to [thing] = Kan du visa mig hur man [thing]

When there's an emergency

Call the police = Ring Polisen

Call the ambulance = Ring ambulansen

What can I do? = Vad kan jag göra?

Stop the car = Stanna bilen

Call 911 = Ring 112 [ett, ett, två] (the Swedish emergency number to Ambulance, Police and Fire Department)

Stay there = Stanna där

I'll go and get help = Jag går och hämtar hjälp

You go and get help = Gå du och hämta hjälp

When you want something

I want to go home = Jag vill gå hem (walk home), Jag vill åka hem (ride home)

Can I use the bathroom? = Kan jag få låna toaletten?

Can I get a glass of water? = Kan jag få ett glas vatten?

I want to eat = Jag vill äta

I'm hungry = Jag är hungrig

I'm thirsty = Jag är törstig

Shall we watch TV? = Ska vi titta på TV?

Shall we Google it? = Ska vi Googla det?

I want to sleep = Jag vill sova

Can you please be quite? = Kan du snälla vara tyst?

Can you please be a little bit more quite? = Kan du snälla vara lite tystare?

I want to hug you = Jag vill krama dig

I want to kiss you = Jag vill kyssa dig

I need to use the bathroom = Jag behöver gå på toaletten

I want to move here = Jag vill flytta hit

Responses

I agree with you = Jag håller med

I don't agree with you = Jag håller inte med

I like that you said that = Jag tycker om att du sa det

Yes, I think so too = Ja, jag tycker också det

No, I don't think so = Nej, jag tror inte det

That sounds interesting = Det låter intressant

I belive that it is correct = Jag tror att det stämmer

No way, is that true? = Ne, det kan inte vara sant?

I can't believe I said that = Jag kan inte fatta att jag sa det

I can't believe you said that = Jag kan inte fatta att du sa det

Wow, that's amazing = Wow, det är fantastiskt

I like it = Jag tycker om det

I don't like it = Jag tycker inte om det

Sweet, that sounds awesome = Sooft, the låter grymt bra

I couldn't hear you, can you repeat that? Jag kunde inte höra dig, kan du säga om det?

When you want to impress a Swede with your knowledge

I'm very grateful for Ingvar Kamprad from Sweden, because without him, we wouldn't have IKEA = Jag är väldigt tacksam för Ingvar Kamprad från Sverige, för utan honom skulle vi inte ha IKEA.

It's amazing that the biggest Youtuber in the world is from Sweden, have you watch Felix Kjellberg's channel called PewDiePie?

Is it true that ABBA who sang Mamma Mia is from Sweden? I really love that song = Är det sant att ABBA som sjöng Mamma Mia är från Sverige? Jag älskar den låten.

Do you like to watch Ice Hockey? [If yes] Okay, I'm a big fan of Peter Forsberg, he's a was a great Ice hockey player. Tycker du om att titta på ishockey? Okej, jag är ett stort fan av Peter Forsberg, han var en grym ishockeyspelare.

How to wish someone a great holiday

Have a great weekend = Trevlig helg
Happy Christmas = Good jul

Easter greetings = Glad påsk

Happy birtday = Grattis på födelsedagen

Happy midsummer = Glad midsommar (between June 19 and June 25).

Other common phrases and questions

Speak to me in Swedish = Prata med mig på svenska

How do you say [word] in Swedish = Hur säger man [word] på svenska?

Can you please write it down? = Kan du vara snäll och skriva ner det?

I don't understand = Jag förstår inte

I understand = Jag förstår

Oh, is that so = Jasså, är det så

Can you give me the milk? = Kan du skicka mjölken?

Do you know how to play guitar? = Vet du hur man spelar guitar?

What a nice dog you got = Vilket fin hund du har

What a big dog you got = Vilken stor hund du har

What's the name of the dog? = Vad heter hunden?

Can I get you something? = Kan jag hjälpa dig med något?

Why do you say that? = Varför säger du så?

Why is that? = Hur kommer det sig?

Can please explain = Kan du förklara?

Do you speak English? = Pratar du Engelska?

Great, I'm here on vacation = Vad bra, jag är här på semester

I'm going to move to Sweden = Jag ska flytta till Sverige

I have moved to Sweden = Jag har flyttat till Sverige

I like Sweden = Jag tycker om Sverige

I like the people in Sweden = Jag tycker om människorna i Sverige

What can you tell me about Sweden? = Vad kan du berätta om Sverige?

Do you enjoy living in Sweden? = Tycker du om att leva i Sverige?

I would like to sit down = Jag skulle vilja sätta mig ner

Look at that = Titta på det där

I need new shoes = Jag behöver nya skor

My feets are cold = Jag fryser om fötterna

I'm freezing = Jag fryser

Can we turn up the heat please? = Kan vi snälla höja värmen?

So what do you do in Sweden during winter times? = Så vad gör ni i Sverige under vintern?

I'm learning Swedish right now = Jag håller på att lära mig Svenska just nu

Thank you for taking the time to help me = Tack för att du tar dig tid att hjälpa mig

I'm going to travel to the north of Sweden = Jag ska åka till Norrland

I love the North of Sweden = Jag älskar Norrland

I love the South of Sweden = Jag älskar södra Sverige

I love the middle part of Sweden = Jag älskar mellansverige

Do you drink the beer Norrlands guld? = Dricker du Norrlands guld?

What is snuff? = Vad är snus?

Do you snuff? = Snusar du?

Can you send me the newspaper please? = Kan du vara snäll och skicka tidningen?

I love this book = Jag älskar den här boken

My favorite movie is Batman = Min favorit film är Batman

What's your favorite movie? = Vilken är din favorit film?

I actually like the snow = Jag tycker faktist om snön

Sweden is a good country = Sverige är ett bra land

Chapter 3 – Swedish Numbers

One = Ett/en
Two = Två
Three = Tre
Four = Fyra
Five = Fem
Six = Sex
Seven = Sju
Eight = Åtta
Nine = Nio
Ten = Tio
Eleven = Elva
Twelve = Tolv
Thirteen = Tretton
Fourteen = Fjorton
Fifteen = Femton
Sixteen = Sexton
Seventeen = Sjutton
Eighteen = Arton
Nineteen = Nitton
Twenty = Tjugo
Twenty-one = Tjugoett/tjugoen
Twenty-two = Tjugotvå
Twenty-three = Tjugotre
Twenty-four = Tjugofyra
Twenty-five = Tjugofem
Twenty-six = Tjugosex
Twenty-seven = Tjugosju

Twenty-eight = Tjugoåtta
Twenty-nine = Tjugonio
Thirty = Trettio
Thirty-one = Trettioett/trettioen
Thirty-two = Trettiotvå
Thirty-three = Trettiotre
Thirty-four = Trettiofyra
Thirty-five = Trettiofem
Thirty-six = Trettiosex
Thirty-seven = Trettiosju
Thirty-eight = Trettioåtta
Thirty-nine = Trettionio
Forty = Fyrtio
Forty-one = Fyrtioett/fyrtioen
Forty-two = Fyrtiotvå
Forty-three = Fyrtiotre
Forty-four = Fyrtiofyra
Forty-five = Fyrtiofem
Forty-six = Fyrtiosex
Forty-seven = Fyrtiosju
Forty-eight = Fyrtioåtta
Forty-nine = Fyrtionio
Fifty = Femtio
Fifty-one = Femtioett/femtioen
Fifty-two = Femtiotvå
Fifty-three = Femtiotre
Fifty-four = Femtiofyra
Fifty-five = Femtiofem
Fifty-six = Femtiosex
Fifty-seven = Femtiosju
Fifty-eight = Femtioåtta
Fifty-nine = Femtionio

Sixty = Sextio
Sixty-one = Sextioett/sextioen
Sixty-two = Sextiotvå
Sixty-three = Sextiotre
Sixty-four = Sextiofyra
Sixty-five = Sextiofem
Sixty-six = Sextiosex
Sixty-seven = Sextiosju
Sixty-eight = Sextioåtta
Sixty-nine = Sextionio
Seventy = Sjuttio
Seventy-one = Sjuttioett/sjuttioen
Seventy-two = Sjuttiotvå
Seventy-three = Sjuttiotre
Seventy-four = Sjuttiofyra
Seventy-five = Sjuttiofem
Seventy-six = Sjuttiosex
Seventy-seven = Sjuttiosju
Seventy-eight = Sjuttioåtta
Seventy-nine = Sjuttionio
Eighty = Åttio
Eighty-one = Åttioett/Åttioen
Eighty-two = Åttiotvå
Eighty-three = Åttiotre
Eighty-four = Åttiofyra
Eighty-five = Åttiofem
Eighty-six = Åttiosex
Eighty-seven = Åttiosju
Eighty-eight = Åttioåtta
Eighty-nine = Åttionio
Ninety = Nittioett/Nittioen
Ninety-two = Nittiotvå

Ninety-three = Nittiotre
Ninety-four = Nittiofyra
Ninety-five = Nittiofem
Ninety-six = Nittiosex
Ninety-seven = Nittiosju
Ninety-eight = Nittioåtta
Ninety-nine = Nittionio
Hundred = Hundra

That's how you count to a hundred in Swedish. Instead counting all the way to One thousand, let me just show you the pattern so you can count for yourself.

One hundred one = Etthundraett/hundraett

One hundred two = Etthundratvå/hundratvå

One hundred ninety-one = Ett hundra nittionio

Two hundred = Tvåhundra

Two hundred one = Tvåhundraett/tvåhundraen

Two hundred two = Tvåhundratvå

Two hundred seventy-eight = Tvåhundrasjuttioåtta

Nine hundred seventy-one = Niohundrasjuttioett

One thousand = Ettusen

As you can see, you just need to add the numbers together, similar to the English language.

Chapter 4 – 1951 Most Common Swedish Words

Here you'll get the 1951 most common Swedish words. They are sorted in alphabetic order.You can also reference the Table of Content to find a word that starts with A-Y. They begin with the English word. Number 1 does not necessary have to be more popular than 1951 since they are sorted in alphabetic order.

A

1. A = en
2. A few = några
3. A little = lite
4. About = omkring
5. Absolutely = absolut
6. Accident = olycka
7. According to = enligt
8. Accursed = fördömas
9. Act = lagen

10. Actually = egentligen
11. Actually = faktiskt
12. Adam = Adam
13. Add = lägg
14. Add = lägger
15. Added = lagt
16. Advantage = nytta
17. Advice = råd
18. Afraid = rädd
19. After = efter
20. Afternoon = eftermiddag
21. Again = igen
22. Against = emot
23. Against = mot
24. Age = ålder
25. Agent = agent
26. Agreed = överens
27. Ah = ah
28. Air = luft

29. Air = luften

30. Al = al

31. Alan = alan

32. Alex = alex

33. Alice = alice

34. All = alla

35. All = allt

36. Allows = låter

37. Almost = nästan

38. Alone = ensam

39. Alone = ensamma

40. Alone = ifred

41. Already = redan

42. Also = även

43. Also = dessutom

44. Also = också

45. Always = alltid

46. Amazing = fantastiskt

47. Amen = amen

48. America = amerika
49. Among = bland
50. Amy = Amy
51. An = an
52. Ancients = gamle
53. And = samt
54. And = och
55. Andy = Andy
56. Angry = arg
57. Animal = djur
58. Anna = Anna
59. Any = någon
60. Anything = någonting
61. Apartment = lägenhet
62. Apparently = tydligen
63. Applies = gäller
64. Appreciates = uppskattar
65. Approaching = närmar
66. Approximately = ungefär

67. Are = är

68. Area = område

69. Area = området

70. Arm = arm

71. Arm = armen

72. Arms = vapen

73. Army = armé

74. Army = armén

75. Around = närheten

76. Around = runt

77. Arrange = ordna

78. Arthur = Arthur

79. As = som

80. As well as = liksom

81. Ask = be

82. Asked = frågade

83. Asks = ber

84. Asks = frågar

85. Ass = arslet

86. Assignment = uppdraget
87. Astray = vilse
88. At all = alls
89. Ate = åt
90. At = på
91. At = hos
92. at least = åtminstone
93. At the same time = samtidigt
94. At = vid
95. Attempt = försök
96. Attention = uppmärksamhet
97. Attic = vinden
98. Avoid = slipper
99. Awake = vaken
100. Away = bort
101. Away = borta
102. Away = undan
103. Awful = hemskt

B

104. Baby = baby
105. Back = backa
106. Back = ryggen
107. Back = tillbaka
108. Back = tillbaks
109. Bad = dålig
110. Bad = dåliga
111. Badly = dåligt
112. Badly = illa
113. Bag = Påse
114. Bag = väska
115. Bag = väskan
116. Ball = bollen
117. Band = band
118. Band = bandet
119. Bank = banken
120. Bar = bar
121. Bar = baren

122. Basic = grund
123. Bath = bad
124. Battle = strid
125. Be able to = kunna
126. Be = finnas
127. Be = befinna
128. Be = ska
129. Be = vara
130. Beach = stranden
131. Beat = slå
132. Beat = slår
133. Beat = slog
134. Beaten = slagit
135. Beautiful = härligt
136. Beautiful = vacker
137. Beautiful = vackra
138. Beautifully = vackert
139. Beauty = skönt
140. Became = blev

141. Because = därför

142. Become = blivit

143. Becomes = blir

144. Bed = säng

145. Bed = sängen

146. Been = varit

147. Beer = öl

148. Before = före

149. Before = förr

150. Before = förrän

151. Before = förut

152. Before = innan

153. Began = börjat

154. Beginning = början

155. Behind = bakom

156. Believe = tro

157. Belonging to = tillhör

158. Beside = bredvid

159. Best = bäst

160. Best = bäste
161. Better = bättre
162. Between = mellan
163. Beware = akta
164. Bid = bud
165. Big = stor
166. Bill = faktura
167. Billy = Billy
168. Birthday = födelsedag
169. Bit = bit
170. Bite = bett
171. Black = svart
172. Black = svarta
173. Blind = blind
174. Blood = blod
175. Blue = blå
176. Boat = båt
177. Boat = båten
178. Bob = Bob

179. Bobby = Bobby
180. Body = kropp
181. Body = kroppen
182. Bone = ben
183. Book = bok
184. Books = böcker
185. Boring = tråkigt
186. Born = född
187. Born = föddes
188. Borrow = låna
189. Both = båda
190. Both = både
191. Bother = bry
192. Bothered = brytt
193. Bought = köpte
194. Bowl = skål
195. Boy = kille
196. Boy = pojke
197. Boyfriend = pojkvän

198.	Boys	= grabbar
199.	Boys	= killar
200.	Boys	= pojkar
201.	Brain	= hjärna
202.	Brain	= hjärnan
203.	Break	= bryta
204.	Breakfast	= frukost
205.	Breaking	= bryter
206.	Breast	= bröst
207.	Breathe	= andas
208.	Brian	= Brian
209.	Bride	= brud
210.	Bride	= bruden
211.	Bridge	= bron
212.	Bring	= föra
213.	Broke	= bröt
214.	Broken	= sönder
215.	Brother	= broder
216.	Brother	= bror

217. Brothers = bröder
218. Buddy = kompis
219. Build = bygga
220. Bullshit = skitsnack
221. Burns = brinner
222. Bus = bussen
223. Business = affär
224. Business = företag
225. Busy = upptagen
226. But = men
227. Buy = köp
228. Buy = köpa
229. Buy = köper
230. By = genom
231. By the way = förresten
232. Bye = hejdå

C

233. California = kalifornien
234. Call = kalla
235. Call = kallar
236. Call = ringa
237. Call = ringer
238. Call = samtal
239. Called = heter
240. Called = kallade
241. Called = kallas
242. Calls = begär
243. Calm = lugna
244. Calmly = lugnt
245. Came = kom
246. Camera = kameran
247. Can = kan
248. Captain = kapten
249. Captures = fångar
250. Car = bil

251. Car = bilen
252. Car = bli
253. Care = bryr
254. Career = karriär
255. Careful = försiktig
256. Carefully = noga
257. Carl = Carl
258. Carrying = bär
259. Cars = bilar
260. CASE = fall
261. Case = fallet
262. Cat = katt
263. Catch = fånga
264. Cause = orsak
265. Celebrate = fira
266. Certain = vissa
267. Certainly = bestämt
268. Certainly = visst
269. Chance = chans

270. Chances = chansen
271. Change = ändra
272. Change = byta
273. Change = byter
274. Change = förändras
275. Charge = betalt
276. Charles = Charles
277. Charles = Karl
278. Charlie = Charlie
279. Chasing = jagar
280. Cheated = lurade
281. Check = kolla
282. Checked = kollade
283. Checking = kollar
284. Chicago = chicago
285. Child = barnet
286. Children = barn
287. Choice = val
288. Chris = Chris

289. Christmas = jul
290. Church = kyrkan
291. City = Stor stad
292. City = stad
293. Class = klass
294. Clean = ren
295. Clean = rena
296. Clear = klar
297. Clear = klart
298. Clock = klockan
299. Close = tät
300. Close = nära
301. Close = stäng
302. Close = stänga
303. Closer = närmare
304. Closing = stänger
305. Clothes = kläder
306. Clothes = kläderna
307. Co. = Företag

308. Coat = rock
309. Cock = kuk
310. Coffee = kaffe
311. Cohesive = Sammanhängande
312. Cold = kall
313. Collect = samla
314. College = Högskola
315. Colonel = överste
316. Come = komma
317. Come = kommit
318. Comes = kommer
319. Common = vanlig
320. Company = sällskap
321. Completely = helt
322. Concerning = angående
323. Confidence = Självförtroende
324. Congratulations = grattis
325. Congratulations = gratulerar
326. Connect = koppla

327. Considers = anser
328. Contact = kontakt
329. Continue = fortsätt
330. Continue = fortsätta
331. Continues = fortsätter
332. Control = kontroll
333. Control = behärska
334. Control = styr
335. Cool = häftigt
336. Cool = kallt
337. Cop = snut
338. Cop = snuten
339. Correct = rätta
340. Correct = stämmer
341. Could = kunde
342. Could = kunnat
343. Count = räkna
344. Count = räknar
345. Country = land

346. Couple = par
347. Courage = mod
348. Course = kurs
349. Cousin = kusin
350. Crap = skit
351. Crazy = galen
352. Crazy = galna
353. Crazy = tokig
354. Create = skapa
355. Crime = brott
356. Crow = Kråka
357. Cry = gråta
358. Cry = gråter
359. Cuisine = köket
360. Cup = kopp
361. Current =dagens

D

362. Day = dagarna
363. Dab = Klick
364. Dad = pappa
365. Dad's = pappas
366. Damage = skada
367. Damaged = skadad
368. Damn =fan
369. Damn = jäkla
370. Damn = jävligt
371. Dan = Dan
372. Dance = dansa
373. Dancing = dansar
374. Danger = fara
375. Dangerous = farlig
376. Dangerous = farligt
377. Danny = Danny
378. Dare = vågar
379. Dark = mörkret

380. Dark = mörkt
381. Darling = älskling
382. Daughter = dotter
383. Dave = Dave
384. David = david
385. Day = dag
386. Day = dagen
387. Days = dagar
388. Dead = dött
389. Dear = kära
390. Dear = raring
391. Death = död
392. Death = döden
393. Decision = beslut
394. Deep = djupt
395. Definitely = definitivt
396. Depend = beror
397. Deserves = förtjänar
398. Desired = önskar

399. Despite = trots

400. Destroy = förstör

401. Destroy = förstöra

402. Destroyed = förstörde

403. Determine = bestämma

404. Determines = bestämmer

405. Did = gjorde

406. Die = dö

407. Died = dog

408. Dies = dör

409. Difference = skillnad

410. Different = annorlunda

411. Difficult = svårt

412. Dinner = middag

413. Directly = direkt

414. Disappear = försvinna

415. Disappear = försvinner

416. Disappearance = försvinn

417. Disappeared = försvann

418. Disappointed = besviken
419. Discuss = diskutera
420. Disease = sjuka
421. Dived = dök
422. Do = göra
423. Docs = dokument
424. Doctor = doktor
425. Doctor = doktorn
426. Doctor = läkare
427. Dog = hund
428. Dogs = hundar
429. Dollar = dollar
430. Done = gjort
431. Done = avslutad
432. Door = dörr
433. Door = dörren
434. Down = ned
435. Down = ner
436. Down = nere

437. Dr = dr
438. Drag = dra
439. Drag = drar
440. Dream = dröm
441. Dreams = drömmar
442. Dress = klä
443. Dress = klänning
444. Drink = dricka
445. Drink = drink
446. Drinking = dricker
447. Drive = kör
448. Drive = köra
449. Drop = släppa
450. Drove = körde
451. Drug = drog
452. Drugs = droger
453. Dull = matt
454. During = under

E

455. Each other = varandra
456. Each other = varann
457. Each = varje
458. Earlier = tidigare
459. Early = tidigt
460. Earns = tjänar
461. Earth = jorden
462. Easy = enkelt
463. Easy = lätt
464. Eat = ät
465. Eat = äta
466. Eat = äter
467. Eaten = ätit
468. Eddie = Eddie
469. Egg = ägg
470. Eight = åtta
471. Either = antingen
472. Either = Endera

473. Eleven = elva

474. Emotions = känslor

475. Empty tom

476. End = slut

477. End = avsluta

478. End = slutet

479. Ended = ände

480. Ends = slutar

481. Enemies = fiender

482. Enemy = fienden

483. Engaged = sysslar

484. England = england

485. English = engelska

486. Enough = räcker

487. Enough = tillräckligt

488. Equal = lika

489. Era = era

490. Escape = fly

491. Especially = speciellt

492.	Europe	= europa
493.	Even	= ens
494.	Evening	= kväll
495.	Ever	= någonsin
496.	Ever	= nånsin
497.	Every	= varenda
498.	Everybody	= allihop
499.	Everyone	= allihopa
500.	Everything	= alltihop
501.	Everything	= allting
502.	Everywhere	= överallt
503.	Evidence	= bevis
504.	Evil	= onda
505.	Evil	= ont
506.	Exactly	= exakt
507.	Example	= exempel
508.	Excellent	= utmärkt
509.	Except	= förutom
510.	Except	= utom

511. Exciting = spännande
512. Excuse = ursäkt
513. Excuse = ursäkta
514. Expected = väntat
515. Explain = förklara
516. Explaining = förklarar
517. Extra = extra
518. Eye = öga
519. Eyes = ögon

F

520. Face = ansikte
521. Face = ansiktet
522. Face = möter
523. Face = Yta
524. Fact = faktum
525. Failed = missade
526. Falling = faller
527. Family = familj
528. Family = familjen
529. Fantastic = fantastisk
530. Far = långt
531. Farewell = farväl
532. Fast = fort
533. Fast = snabb
534. Faster = fortare
535. Faster = snabbare
536. Fate = öde
537. Father = fader

538. Father = far
539. Father = fars
540. FBI = fbi
541. Feast = högtid
542. Feel = känna
543. Feel = må
544. Feel = mår
545. Feeling = känsla
546. Feels = känns
547. Feet = fötter
548. Fell = föll
549. Felt = kände
550. Felt = kändes
551. Fight = kämpa
552. Fight = slåss
553. Film = film
554. Film = filmen
555. Final = slut
556. Finally = äntligen

557. Find = finna
558. Find = hitta
559. Find = hittar
560. Fine = fina
561. Fine = fint
562. Finished = färdig
563. Finished = slutade
564. Fire = eld
565. Fired = sparken
566. First = först
567. First = första
568. Fish = fisk
569. Fit = passa
570. Fits = passar
571. Five = fem
572. Fix = fixa
573. Fixed = fast
574. Fixes = fixar
575. Flew = flög

576. Flies = flyger

577. Floor = golvet

578. Flowers = blommor

579. Fly = flyga

580. Follow = följ

581. Follow = följa

582. Followed = följde

583. Follows = följer

584. Food = mat

585. Food = maten

586. Fool = lura

587. Foolish = dumt

588. Foot = fot

589. For = som

590. For = för

591. Force = kraft

592. Force = tvinga

593. Force = kraft

594. Forced = tvungen

595. Forever = evigt
596. Forget = glöm
597. Forget = glömma
598. Forget = glömmer
599. Forgot = glömde
600. Forgot = glömt
601. Form = form
602. Forward = fram
603. Forward = framåt
604. Found = fann
605. Found = hittade
606. Found = hittat
607. Four = fyra
608. France = frankrike
609. Frank = Frank
610. Free = fri
611. Free = fria
612. Free = gratis
613. Freedom = frihet

614. French = franska
615. Friday = fredag
616. Friend = vän
617. Friends = kompisar
618. Friends = vänner
619. From = från
620. From here = härifrån
621. From = ifrån
622. From = ur
623. Fuck = knulla
624. Fucking = jävla
625. Full = full
626. Full = mycket
627. Fully = fullt
628. Fun = kul
629. Fun = roligt
630. Funny = lustigt
631. Funny = rolig
632. Further = vidare

633. Future = framtid
634. Future = framtiden

G

635. Game = spel
636. Game = spelet
637. Gang = gäng
638. Gave = gav
639. Gay = bög
640. General = general
641. Gently = försiktigt
642. Genuine = äkta
643. George = George
644. German = tyska
645. Get = få
646. Get = får
647. Get = skaffa
648. Gift = gåva
649. Gift = present
650. Girl = flicka
651. Girl = flickan
652. Girl = tjej

653.	Girlfriend = flickvän
654.	Girls = flickor
655.	Girls = tjejer
656.	Give = ge
657.	Given = gett
658.	Gives = ger
659.	Gladly = gärna
660.	Glass = glas
661.	Go ahead = varsågod
662.	Go = åka
663.	Go = åker
664.	Go = gå
665.	Goal = mål
666.	God = gud
667.	God = guds
668.	Goes = går
669.	Gold = guld
670.	Gone = gått
671.	Good = bra

672.	Good	= duktig
673.	Good enough	= duger
674.	Good	= god
675.	Good	= goda
676.	Good	=gode
677.	Good	= gott
678.	Good night	= godnatt
679.	Goodbye	= adjö
680.	Got	= fått
681.	Got	= fick
682.	Government	= regeringen
683.	Grace	= nåd
684.	Grandfather	= farfar
685.	Grandmother	= mormor
686.	Gravity	= allvar
687.	Great	= jättebra
688.	Great	= stor
689.	Grew	= växte
690.	Ground	= mark

691. Group = grupp
692. Grow = växer
693. Guess = gissa
694. Guilty = skyldig
695. Gun = pistol
696. Gun = pistolen
697. Guy = grabb
698. Guy = killen

H

699. Had = hade
700. Had = haft
701. Hair = hår
702. Hair = håret
703. Half = hälften
704. Half = halv
705. Half = halva
706. Hand = hand
707. Hand = handen
708. Handle = sköta
709. Hands = händerna
710. Handsome = snygg
711. Hang = hänga
712. Happen = hända
713. Happen = ske
714. Happened = hände
715. Happened = hänt
716. Happens = händer

717. happens to = råkar
718. happiness = lycka
719. Happy = glad
720. Happy = glada
721. Happy = lycklig
722. Hard = hård
723. Hard = hårt
724. Hardly = knappast
725. Hardly = knappt
726. Harry = Harry
727. Has = har
728. Hate = hatar
729. Have = ha
730. Have time to = hinner
731. He = han
732. Head = chefen
733. Head = huvud
734. Head = huvudet
735. Health = hälsa

736.	Healthy	= frisk
737.	Hear	= höra
738.	Heard	= hörde
739.	Heard	= hört
740.	Heart	= hjärta
741.	Heart	= hjärtat
742.	Heaven	= himlen
743.	Held	= höll
744.	Hell	= helvete
745.	Hell	= helvetet
746.	Hell	= tusan
747.	Hello	= hallå
748.	Hello	= hej
749.	Hello	= hejsan
750.	Help	= hjälp
751.	Help	= hjälpa
752.	Helped	= hjälpte
753.	Henry	= Henry
754.	Her	= henne

755. Her = hennes
756. Here = här
757. Here = hit
758. Hero = hjälte
759. Hey = tjena
760. Hide = gömma
761. Hiding = gömmer
762. High = hög
763. High = högt
764. Higher = högre
765. Highest = högsta
766. Him = honom
767. His = hans
768. His = sina
769. His = sitt
770. History = historia
771. History = historien
772. Hit = träffa
773. Hit = träffade

774. Hit = träffades
775. Hold = håll
776. Holding = håller
777. Hole = hål
778. Holiday = semester
779. Holy = heliga
780. Home = hem
781. Home = hemma
782. Honest = ärlig
783. Honestly = ärligt
784. Honor = ära
785. Hope = hopp
786. Hope = hoppas
787. Hoped = hoppades
788. Horrible = hemsk
789. Horrible = hemska
790. Horse = häst
791. Horses = hästar
792. Hospital = sjukhus

793. Hospital = sjukhuset
794. Host = värd
795. Hot = varmt
796. Hotel = hotell
797. Hotel = hotellet
798. Hour = timme
799. Hours = kvällen
800. Hours = timmar
801. House = hus
802. House = huset
803. How = hur
804. Huh = va
805. Hundred = hundra
806. Hungry = hungrig
807. Hunt = jaga
808. Hurry = skynda
809. Husband = make

I

810. I = jag
811. Ice = is
812. Idea = aning
813. Idea = idé
814. Idiot = idiot
815. Idiots = idioter
816. If = ifall
817. If = om
818. Ignore = struntar
819. Ill = sjuk
820. Image = bilden
821. Immediately = genast
822. Immediately = omedelbart
823. Important = viktig
824. Important = viktiga
825. Important = viktigt
826. Impossible = omöjligt
827. In a hurry = bråttom

828.	In front = framför
829.	In front = framme
830.	In = i
831.	In = in
832.	In = inne
833.	In love = kär
834.	Include = hör
835.	Information = information
836.	Infront of = inför
837.	Innocent = oskyldig
838.	Instead = istället
839.	Instead = stället
840.	Intend = tänker
841.	Interested = intresserad
842.	Interesting = intressant
843.	Interferes = stör
844.	Invite = bjuda
845.	Invited = bjöd
846.	Involved = inblandad

847. Ironing = stryk
848. Is = är
849. Is = finns
850. Is = handlar
851. Is located = ligger
852. Is = sitter
853. Island = ö
854. Island = ön
855. Issue = frågan
856. Items = sakerna
857. Its = dess
858. Its = sin

J

859. Jack = Jack
860. Jake = Jake
861. James = James
862. Jane = Jane
863. Jaw = käft
864. Jerry = Jerry
865. Jesus = jesus
866. Jim = Jim
867. Jimmy = Jimmy
868. Job = jobb
869. Joe = Joe
870. Joey = Joey
871. John = John
872. Johnny = Johnny
873. Joke = skämt
874. Joking = skämtar
875. Joking = skojar
876. Jones = Jones

877. Judge = domare
878. Judgment = dom
879. Jump = hoppa
880. Jumped = hoppade
881. Jumping = hoppar
882. Just = just
883. Just = nyss
884. Just = precis
885. Just = strax

K

886. Kate = Kate
887. Keep = hålla
888. Kelly = Kelly
889. Kevin = Kevin
890. Key = nyckeln
891. Keys = nycklarna
892. Kick = sparka
893. Kid = grabben
894. Kids = barnen
895. Kids = ungar
896. Kids = ungarna
897. Kill = döda
898. Killed = dödad
899. Killed = dödade
900. Killed = dödat
901. Killer = mördare
902. Killer = mördaren
903. Kills = dödar

904. Kilo = kilo
905. Kind = slag
906. Kind = snäll
907. King = kung
908. King = kungen
909. Kiss = kyss
910. Kiss = kyssa
911. Km = km
912. Knew = visste
913. Knife = kniv
914. Knit = sticka
915. Know = känner
916. Know = vet
917. Know = veta
918. Known = känd
919. Known = känt
920. Known = vetat

L

921. Lack = saknar
922. Ladies = damer
923. Lady = dam
924. Lady = damen
925. Land = landet
926. Language = språk
927. Large = stora
928. Large = stort
929. Larry = Larry
930. Last = förra
931. Last = senast
932. Last = senaste
933. Last = sist
934. Last = sista
935. Late = sen
936. Late = sent
937. Later = senare
938. Laugh = skratta

939. Laughing = skrattar

940. Law = lag

941. Laws = lagar

942. Lawyer = advokat

943. Lay = lägga

944. Lead = leda

945. Leader = ledare

946. Leads = leder

947. Learn = lär

948. Learned = lärde

949. Learned = lärt

950. Least = minst

951. Leave = lämna

952. Leaves = lämnar

953. Lee = lee

954. Left = kvar

955. Left = lämnade

956. Left = lämnat

957. Left = vänster

958. Legs = benen
959. Leo = leo
960. Less = mindre
961. Let = låt
962. Lie (For example, lie down)= ligg
963. Lie (For example, lie down) = ligga
964. Lie (telling something that's not true)= ljuga
965. Lie (telling something that's not true)= lögn
966. Lied (telling something that's not true)= ljög
967. Lies (telling something that's not true)= ljuger
968. Lieutenant = löjtnant
969. Life = liv
970. Life = livet
971. Light = ljus
972. Light = ljuset
973. Lighter = lättare

974. Like = gilla

975. Like = gillar

976. Like = lik

977. like that = sådär

978. like that = sån

979. liked = gillade

980. Limit = gränsen

981. Lisa = Lisa

982. List = lista

983. Listen = lyssna

984. Listens = lyssnar

985. Live = bor

986. Live = leva

987. Live = levande

988. Lived = bodde

989. Liver = lever

990. Location = platsen

991. Locations = platser

992. Lock = lås

993.	London = London
994.	Long = lång
995.	Long = långa
996.	Long = länge
997.	Longer = längre
998.	Longer = slutat
999.	Look = leta
1000.	Look = titt
1001.	Look = titta
1002.	Looking = letat
1003.	Looking = tittar
1004.	Looks = ser
1005.	Lord = herre
1006.	Lord = lord
1007.	Lose = förlora
1008.	Losing = förlorar
1009.	Lost = förlorade
1010.	Lost = förlorat
1011.	Lost = tappade

1012. Lost = tappat

1013. Love = älska

1014. Love = älskar

1015. Love = kärlek

1016. Loved = älskade

1017. Low = låg

1018. Lucky = lyckliga

1019. Lucy = Lucy

1020. Lunch = lunch

M

1021. Mail = brev
1022. Main = viktigaste
1023. Majesty = majestät
1024. Major = major
1025. Major = större
1026. Make = gör
1027. Makes = skapas
1028. Male = män
1029. Man = man
1030. Man = mannen
1031. Managed = lyckades
1032. Manager = chef
1033. Manages = klarar
1034. Manages = sköter
1035. Many = många
1036. Maria= Maria
1037. Marriage = äktenskap
1038. Married = gift

1039. Married = gifta

1040. Married = gifte

1041. Martin = Martin

1042. Mary = Mary

1043. Master = mästare

1044. Match = match

1045. Match = matchen

1046. Matter = fråga

1047. Max = Max

1048. Me = mej

1049. Me = mig

1050. Mean = betyder

1051. Mean = menar

1052. Means = innebär

1053. Meat = kött

1054. Medicine = medicin

1055. Meet = möta

1056. Meet = träffas

1057. Meeting = möte

1058. Memory = minne
1059. Men = herrar
1060. Men = männen
1061. Men = människorna
1062. Message = meddelande
1063. Messing = jävlas
1064. Met = träffat
1065. Meter = meter
1066. Michael = Michael
1067. Mike = Mike
1068. Mil = mil
1069. Million = miljon
1070. Million = miljoner
1071. Mine = mina
1072. Minimum = minsta
1073. Minute = minut
1074. Minutes = minuter
1075. Miss = fröken
1076. Miss = miss

1077. Miss = missa

1078. Miss = missar

1079. Miss = sakna

1080. Mission = uppdrag

1081. Mistake = misstag

1082. Moment = ögonblick

1083. Money = pengar

1084. Monster = monster

1085. Month = månad

1086. Months = månader

1087. More = fler

1088. More = mer

1089. More = mera

1090. Morning = bitti

1091. Morning = morgon

1092. Morning = morgonen

1093. Morse = morse

1094. Most = flesta

1095. Most = mest

1096. Most = största
1097. Mother = mamma
1098. Mother = mammas
1099. Mother = mor
1100. Motherfucker = jäveln
1101. Motherfuckers = jävlar
1102. Mountains = bergen
1103. Mouth = mun
1104. Mouth = munnen
1105. Move = flytta
1106. Move = flyttar
1107. Move = röra
1108. moved = flyttade
1109. Mr. = herr
1110. Mrs. = Fru
1111. Murder = mord
1112. Murder = mordet
1113. Murdered = mördade
1114. Music = musik

1115. Music = musiken
1116. Must = måste
1117. Must = måste
1118. My = min
1119. My = mitt

N

1120. Name = namn

1121. Name = namnet

1122. Named = hette

1123. Neat = snyggt

1124. Necessary = behövs

1125. Need = behöva

1126. Need = behöver

1127. Needed = behövde

1128. Neither = varken

1129. Nervous = nervös

1130. Never = aldrig

1131. New = new

1132. New = ny

1133. New = nya

1134. New = nytt

1135. News = nyheter

1136. News = nyheterna

1137. Newspaper = tidningen

1138. Next = nästa

1139. Nice = fin

1140. Nice = trevlig

1141. Nice = trevligt

1142. Nicely = snällt

1143. Night = natt

1144. Nine = nio

1145. No = inga

1146. No = ingen

1147. No = nej

1148. No one = Ingen

1149. Nod = nick

1150. Normally = normalt

1151. Not = ej

1152. Not = inte

1153. Not = Inte

1154. Notch = steg

1155. Nothing = ingenting

1156. Nothing = inget

1157. Nothing = Inget
1158. Now = nu
1159. Nowhere = ingenstans
1160. Number = nummer
1161. Number = numret

O

1162. Oath = ed

1163. Obvious = självklart

1164. Of = av

1165. Of course = naturligtvis

1166. Of = of

1167. Off = från

1168. Off (not on) = av

1169. Offers = bjuder

1170. Office = kontor

1171. Office = kontoret

1172. Often = ofta

1173. Oh = åh

1174. Oh my God = herregud

1175. Oh = oh

1176. Oh = oj

1177. Oh well = jaha

1178. Ok = ok

1179. Okay = okej

1180. Old = gamla

1181. Old = gammal

1182. Old woman = gumman

1183. Older = äldre

1184. On = till

1185. On board = ombord

1186. On = på

1187. On the = på

1188. One = en

1189. One = ena

1190. One = ett

1191. Only = bara

1192. Only = enda

1193. Only = endast

1194. Open = öppen

1195. Open = öppna

1196. Opens = öppnar

1197. Opportunity = tillfälle

1198. Or = eller

1199. Order = order

1200. Order = ordning

1201. Other = andra

1202. Other = annan

1203. Other = annat

1204. Otherwise = annars

1205. Ouch = aj

1206. Our = vår

1207. Our = våra

1208. Our = våran

1209. Our = vårt

1210. Out = ut

1211. Out = ute

1212. Outside = utanför

1213. Over = över

1214. Overnight = natten

1215. Own = äger

1216. Own = egen

1217. Own = eget

1218.   Own =egna

P

1219. Pack = packa
1220. Page = sida
1221. Page = sidan
1222. Paid = betalade
1223. Pain = smärta
1224. Paper = boken
1225. Paper = papper
1226. Parents = föräldrar
1227. Paris = Paris
1228. Part = del
1229. Part = delen
1230. Particularly = särskilt
1231. Partner = partner
1232. Parts = delar
1233. Party = fest
1234. Pass = pass
1235. Passed = klarade
1236. Past = förbi

1237.	Path	= stig
1238.	Path	= vägen
1239.	Paul	= paul
1240.	Pay	= betala
1241.	Pays	= betalar
1242.	Peace	= fred
1243.	People	= folk
1244.	People	= folket
1245.	People	= människor
1246.	People	= personer
1247.	Per	= per
1248.	Percent	= procent
1249.	Perfect	= perfekt
1250.	Performed	= spelade
1251.	Perhaps	= kanske
1252.	Permission	= lov
1253.	Permission	= tillstånd
1254.	Person	= människa
1255.	Person	= person

1256. Perspective = planen
1257. Pete = Pete
1258. Peter = Peter
1259. Phil = Phil
1260. Phone = telefon
1261. Phone = telefonen
1262. Phoned = ringde
1263. Pick = plocka
1264. Picture = bild
1265. Pictures = bilder
1266. Pieces = stycken
1267. Pink = rosa
1268. Pipe = rör
1269. Place = plats
1270. Place = ställe
1271. Plain = vanligt
1272. Plan = plan
1273. Planet = planet
1274. Plans = planer

1275. Play = lek

1276. Play = leka

1277. Play = spela

1278. Playing = leker

1279. Plays = spelar

1280. Please = snälla

1281. Pleasure = nöje

1282. Plenty = massor

1283. Plus = plus

1284. PM = kl

1285. Point = poäng

1286. Point to = pekar

1287. Police = polis

1288. Police = polisen

1289. Police (several) = poliser

1290. Poor = stackars

1291. Port = hamn

1292. Position = läget

1293. Position = position

1294. Possible = möjligt

1295. Potable = drick

1296. Power = driver

1297. Power = makt

1298. Prefer = föredrar

1299. Preferably = helst

1300. Pregnant = gravid

1301. Prepare = laga

1302. Prepared = beredd

1303. Present = presentera

1304. President = president

1305. President = presidenten

1306. Pressure = tryck

1307. Pretend = låtsas

1308. Prevent = hindra

1309. Price = pris

1310. Price = priset

1311. Prince = prins

1312. Prison = fängelse

1313.	Prison = fängelset
1314.	Private = privat
1315.	Probably = antagligen
1316.	Probably = förmodligen
1317.	Probably = nog
1318.	Problem = problem
1319.	Problem = problemet
1320.	Professor = professor
1321.	Promise = lova
1322.	Promised = lovade
1323.	Promises = lovar
1324.	Proper = ordentligt
1325.	Proposes = föreslår
1326.	Protect = skydda
1327.	Protection = skydd
1328.	Proud = stolt
1329.	Prove = bevisa
1330.	Pulp = massa
1331.	Purchased = köpt

1332. Purely = rent

1333. Put = sätta

1334. Put = ställa

1335. Question = fråga

1336. Questions = frågor

1337. Quickly = snabbt

1338. Quiet = lugn

1339. Quite = ganska

R

1340. Radio = radio
1341. Radio = radion
1342. Ran = sprang
1343. Rapid = snabba
1344. Rather = hellre
1345. Ray = Ray
1346. Reach = nå
1347. Reached = nått
1348. Reaches = når
1349. Read = läs
1350. Read = läsa
1351. Read = läst
1352. Read = läste
1353. Reads = läser
1354. Ready = ordnar
1355. Ready = redo
1356. Real = riktiga
1357. Realize = inser

1358. Realized = insåg

1359. Really = riktigt

1360. Really = verkligen

1361. Rear = bak

1362. Reason = anledning

1363. Reason = skäl

1364. Red = röd

1365. Red = röda

1366. Refuses = vägrar

1367. Regardless = oavsett

1368. Regrets = beklagar

1369. Relationship = förhållande

1370. Release = släpp

1371. Release = släpper

1372. Rely = lita

1373. Remember = ihåg

1374. Remember = minnas

1375. Remember = minns

1376. Reminds = påminner

1377. Report = rapport
1378. Required = krävs
1379. Requires = kräver
1380. Respect = respekt
1381. Respond = svara
1382. Responds = svarar
1383. Response = svar
1384. Response = svaret
1385. Responsibility = ansvar
1386. Rest = resten
1387. Rest = vila
1388. Results = träffar
1389. Retain = behålla
1390. retention = behåll
1391. retrieve = hämta
1392. retrieves = hämtar
1393. return = återvända
1394. return = återvänder
1395. reversible = vänd

1396. Rich = rik

1397. Rich = rika

1398. Richard = richard

1399. Ride = åk

1400. Ridiculously = löjligt

1401. Right = alldeles

1402. Right = höger

1403. Right = rätt

1404. Right = rätten

1405. Ring = ring

1406. Ring = ringen

1407. River = floden

1408. Robert = Robert

1409. Roger that = Uppfattat

1410. Role = roll

1411. Rome = rom

1412. Roof = taket

1413. Room = rum

1414. Room = rummet

1415. Rules = reglerna
1416. Run = kört
1417. Run = springa
1418. Rung = ringt
1419. Running = spring
1420. Runs = springer

S

1421. Said = sa

1422. Said = sägs

1423. Said = sagt

1424. Said = sade

1425. Sake = skull

1426. Same = samma

1427. Sarah = Sarah

1428. Sat = satt

1429. Sat = satte

1430. Satan = satan

1431. Satisfied = nöjd

1432. Saturday = lördag

1433. Save = rädda

1434. Save = spara

1435. Saved = räddade

1436. Saw = såg

1437. Say = säg

1438. Say = säga

1439. Says = säger

1440. Scared = skrämde

1441. Scaring = skrämmer

1442. School = skola

1443. School = skolan

1444. Scott = Scott

1445. Screaming = skriker

1446. Sea = havet

1447. Search = söka

1448. Searched = letade

1449. Searching = söker

1450. Second = sekund

1451. Seconds = sekunder

1452. Secret = hemlighet

1453. Secure = säkra

1454. Securely = säkert

1455. Security = säkerhet

1456. See = se

1457. Seemed = verkade

1458. Seems = tycks

1459. Seems = verkar

1460. Seen = sett

1461. Select = välja

1462. Select = väljer

1463. Selected = valde

1464. Self = själv

1465. Sell = sälja

1466. Selling = säljer

1467. Send = skicka

1468. Sends = skickar

1469. Sense = meningen

1470. Sent = skickade

1471. Sent = skickat

1472. Sergeant = sergeant

1473. Seriously = allvarligt

1474. Serve = tjäna

1475. Service = tjänst

1476. Set = ställ

1477. Set = ställer

1478. Seven = sju

1479. Several = flera

1480. Shall = skall

1481. Share = dela

1482. She = hon

1483. Sheriff = sheriffen

1484. Ship = skepp

1485. Ship = skeppet

1486. Asshole/douche bag = skitstövel

1487. Shit = skiten

1488. Shits = skiter

1489. Shoes = skor

1490. Shoot = skjuta

1491. Shooting = skjuter

1492. Shops = affärer

1493. Short = kort

1494. Shot = skjuten

1495. Shot = sköt

1496. Shot = skott

1497. Should = bör

1498. Should = borde

1499. Show = show

1500. Show = visa

1501. Showed = visade

1502. Shows = hjälper

1503. Shows = visar

1504. Shut up = håll käften

1505. Sign = tecken

1506. Silent = tyst

1507. Silent = tysta

1508. Similar = liknande

1509. Similar = liknar

1510. Simon = Simon

1511. Sin = synd

1512. Since = eftersom

1513. Since = sedan

1514. Sing = sjunga

1515. Sings = sjunger

1516. Sir = herrn

1517. Sister = syster

1518. Sit = sitta

1519. Situation = situation

1520. Situation = situationen

1521. Six = sex

1522. Skiing = åkt

1523. Skull = skallen

1524. Sleep = sova

1525. Sleeping = sov

1526. Sleeps = sover

1527. Slide = Glida

1528. Slowly = sakta

1529. Small = lilla

1530. Small = liten

1531. Small = litet

1532. Small = små

1533. Smart = smart

1534. Smells = luktar
1535. Smile = le
1536. Smoke = röka
1537. Smokes = röker
1538. So = jaså
1539. So = så
1540. Sodium = Natrium
1541. Sold = sålde
1542. Soldier = soldat
1543. Solve = lösa
1544. Someone = någon
1545. Something = något
1546. Something = nånting
1547. Something = något
1548. Sometimes = ibland
1549. Somewhere = någonstans
1550. Son of a bitch = jävel
1551. Son = son
1552. Soon = snart

1553. Sorry = förlåt

1554. Sorry = ledsen

1555. Sort of = slags

1556. Soul = själ

1557. Sound = låta

1558. Sound = ljud

1559. Sounded = lät

1560. Speak = tala

1561. Speaks = pratar

1562. Speaks = talar

1563. Special = speciell

1564. Speech = tal

1565. Speed = fart

1566. Spoke = talade

1567. Spoken = talas

1568. Spoken = talat

1569. Stack = stack

1570. Stand = stå

1571. Stands = står

1572. Start = börja

1573. Start = börjar

1574. Start = kostar

1575. Start = starta

1576. Started = började

1577. Started = igång

1578. Station = stationen

1579. Stay = bo

1580. Stay = stanna

1581. Stayed = stannade

1582. Steal = stjäla

1583. Step = steg

1584. Steve = steve

1585. Stick = sticka

1586. Sticking = sticker

1587. Still = ändå

1588. Still = fortfarande

1589. Still = alltjämt

1590. Still = still

1591. Still = stilla
1592. Stole = stal
1593. Stomach = magen
1594. Stone = sten
1595. Stood = stod
1596. Stop = sluta
1597. Stop = stannar
1598. Stop = stopp
1599. Stop = stoppa
1600. Store = butik
1601. Store = lager
1602. Straight = rakt
1603. Strange = konstigt
1604. Street = gatan
1605. Street = gata
1606. Strength = styrka
1607. Strong = stark
1608. Strong = starka
1609. Stuff = grejer

1610. Stuff = sånt

1611. Stupid = dum

1612. Stupid = dumma

1613. Style = stil

1614. Subtitles = undertexter

1615. Succeed = lyckas

1616. Such = sådan

1617. Such = sådana

1618. Such = sådant

1619. Suck = suger

1620. Suddenly = plötsligt

1621. Suggestions = förslag

1622. Suicide = självmord

1623. Sun = solen

1624. Suppose = antar

1625. Sure = javisst

1626. Sure = säker

1627. Surprise = överraskning

1628. Survive = överleva

1629. Survived = levde
1630. Survives = överlever
1631. Swear = svär
1632. Sweet = söt
1633. Sweetheart = sötnos
1634. Swine = svin
1635. Sword = svärd

T

1636. Table = bord

1637. Table = bordet

1638. Take = fatta

1639. Take = ta

1640. Taken = tagit

1641. Takes = tar

1642. Talk = prata

1643. Talked = pratat

1644. Talking = pratade

1645. Talking = snackar

1646. Target = målet

1647. Taste = smaka

1648. Taste = smakar

1649. Taxi = taxi

1650. Tea = te

1651. Teach = lära

1652. Teacher = lärare

1653. Team = laget

1654. Team = team
1655. Ted = Ted
1656. Teeth = tänder
1657. Tell = berätta
1658. Tell = berättar
1659. Ten = tio
1660. Test = testa
1661. Texas = Texas
1662. Text = text
1663. Than = än
1664. Thank = tacka
1665. Thank = tackar
1666. Thanks = tack
1667. The boy = pojken
1668. The boys = pojkarna
1669. The building = byggnaden
1670. The = de
1671. The = den
1672. The = desto

1673. The = det
1674. The dog = hunden
1675. The eyes = ögonen
1676. The forest = skogen
1677. The girl = tjejen
1678. The girls = flickorna
1679. The ground = marken
1680. The guys = killarna
1681. The = ju
1682. The Lord = herren
1683. The love = kärleken
1684. The money = pengarna
1685. The net = nätet
1686. The number = talet
1687. The same = detsamma
1688. The store = affären
1689. The thing = grejen
1690. The wife = frun
1691. Their = deras

1692. Them = dem

1693. Themselves = själva

1694. Then = då

1695. Thence = därifrån

1696. There = dit

1697. These = dessa

1698. Thing = grej

1699. Thing = sak

1700. Think = tänk

1701. Think = tänka

1702. Think = tror

1703. Think = tycka

1704. Think = tycker

1705. Third = tredje

1706. This = denna

1707. This = detta

1708. Thomas = Thomas

1709. Those = såna

1710. Thought = menade

1711. Thought = tanke

1712. Thought = tanken

1713. Thought = tänkt

1714. Thought = tänkte

1715. Thought = trodde

1716. Thought = tyckte

1717. Thoughts = tankar

1718. Thousand = tusen

1719. Thousands of = tusentals

1720. Three = tre

1721. Throat = halsen

1722. Through = igenom

1723. Throw = kasta

1724. Throwing = kastar

1725. Thus = alltså

1726. Time = dags

1727. Time = gången

1728. Time = taget

1729. Time = tid

1730. Time = tiden

1731. Times = gånger

1732. Tired = trött

1733. To = att

1734. To death = ihjäl

1735. To = till

1736. Today = idag

1737. Together = ihop

1738. Together = samman

1739. Together = tillsammans

1740. Toilet = toaletten

1741. Told = berättade

1742. Told = berättat

1743. Tommy = Tommy

1744. Tomorrow = imorgon

1745. Tonight = ikväll

1746. Tony = tony

1747. Took = tog

1748. Top = bästa

1749. Top = toppen

1750. Total = totalt

1751. Tough = tuff

1752. Tour = tur

1753. Town = staden

1754. Town = stan

1755. Toxins = gifter

1756. Track = spår

1757. Train = tåg

1758. Train = tåget

1759. Translated = översatt

1760. Translation = översättning

1761. Travel = reser

1762. Tree = träd

1763. Tried = försökt

1764. Tried = försökte

1765. Trip = resa

1766. Trip = resan

1767. Troops = soldater

1768. True = riktig

1769. True = SANT

1770. Trust = litar

1771. Truth = sanning

1772. Truth = sanningen

1773. Try = försöka

1774. Try = prova

1775. Trying = försöker

1776. Turn = vända

1777. TV = tv

1778. Twelve = tolv

1779. Two = två

1780. Type = typ

1781. Unbelievable = otroligt

1782. Uncle = farbror

1783. Understand = förstå

1784. Understands = förstår

1785. Understood = förstått

1786. Understood = förstod

1787. Underway = pågår

1788. Unfortunately = tyvärr

1789. Until = tills

1790. Up = upp

1791. Up = uppe

1792. Up = uppför

1793. Upset = upprörd

1794. US = amerikanska

1795. US = oss

1796. USA = usa

1797. Use = använda

1798. Used = använd

1799. Used = använde

1800. Used = brukade

1801. Using = använder

1802. usual = vanliga

1803. usually = brukar

V

1804. Vadå = vadå

1805. Value = värt

1806. Van = van

1807. Variety = sorts

1808. Various = olika

1809. Verify = kontrollera

1810. Very = mycket

1811. Very = väldigt

1812. Victims = offer

1813. Victor = Victor

1814. Viewed = tittade

1815. Village = by

1816. Visible = syns

1817. Visit = besök

1818. Voice = röst

1819. Wacky = knäpp

1820. Wait = vänta

1821. Waited = väntade

1822. Waiting = väntar

1823. Wake = vakna

1824. Wakes = vaknar

1825. Walk = gång

1826. Wall = väggen

1827. Walter = Walter

1828. Wanted = velat

1829. Wanted = ville

1830. Wants = vill

1831. War = krig

1832. War = kriget

1833. Warm = varm

1834. Was = fanns

1835. Wash = tvätta

1836. Washington = Washington

1837. Water = vatten

1838. Water = vattnet

1839. Way = sätt

1840. Way = sättet

1841. Way = väg

1842. Way = Gång

1843. We = vi

1844. Wear = bära

1845. Wedding = bröllop

1846. Week = vecka

1847. Week = veckan

1848. Weekend = helgen

1849. Weeks = veckor

1850. Weird = konstig

1851. Welcome = välkommen

1852. Welcome = välkomna

W

1853. Well = tja

1854. Well = väl

1855. Went = åkte

1856. Went = gick

1857. Were = vore

1858. What = vad

1859. When = när

1860. Where = där

1861. Where = var

1862. Where = vart

1863. Which =vilka

1864. Which = vilken

1865. Which = vilket

1866. While = medan

1867. While = stund

1868. While = tag

1869. White = vit

1870. White = vita

1871. Who = vem

1872. Whole = hel

1873. Whole = hela

1874. Whore = hora

1875. Whose = vems

1876. Why = varför

1877. Wife = fru

1878. Wife = hustru

1879. Will = vilja

1880. Will = will

1881. William = William

1882. Win = vinna

1883. Window = fönstret

1884. Wine = vin

1885. Wins = vinner

1886. With = med

1887. Within = inom

1888. Without = utan

1889. Woman = kvinna

1890. Woman = kvinnan

1891. Women = kvinnor

1892. Won = vann

1893. Won = vunnit

1894. Wonder = undrar

1895. Wondered = undrade

1896. Wonderful = underbar

1897. Wonderful = underbara

1898. Wonderfully = underbart

1899. Word = ordet

1900. Words = ord

1901. Work = arbeta

1902. Work = arbetar

1903. Work = arbete

1904. Work = fungera

1905. Work = jobba

1906. Work = jobbar

1907. Work = jobbet

1908. Worked = jobbade

1909. Worked = jobbat

1910. Works = fungerar

1911. Works = funkar

1912. World = värld

1913. World = världen

1914. World = världens

1915. Worried = orolig

1916. Worrier = oroar

1917. Worry = oroa

1918. Worse = värre

1919. Worst = värsta

1920. Would = skulle

1921. Wow = wow

1922. Write = skriv

1923. Write = skriva

1924. Write = skriver

1925. Written = skrivit

1926. Wrong = fel

1927. Wrote = skrev

1928.   www = www

Y

1929. Yeah = yeah

1930. Year = år

1931. Year = året

1932. Years = åren

1933. Years = års

1934. Yep = japp

1935. Yes = ja

1936. Yes = jo

1937. Yesterday = igår

1938. Yet = ännu

1939. York = york

1940. You = dig

1941. You = du

1942. You = ni

1943. You = you

1944. Young = ung

1945. Young = unga

1946. Young = unge

1947. Your = din
1948. Your = dina
1949. Your = ditt
1950. Your = er
1951. Your = ert

Chapter 5 – Swedish Pronouns

In this chapter, you'll read Swedish Pronouns. We'll begin with personal pronouns and then we'll go over possessive pronouns. The English word will be marked in bold before the Swedish words that we are training on.

Personal Pronouns

You

Person: 2nd singular
Nominative: du *(You)*
Accusative: dig (dej) *(You)*
Genitive: din *(Yours)*

You (several, as in "You guys").

Person: 2nd plural
Nominative: ni *(You)*
Accusative: er *(You)*
Genitive: er *(You)*

Me

Person: 1st singular
Nominative: jag *(I)*
Accusative: mig (mej) *(Me)*
Genitive: min *(Mine)*

One/One's

Person: 3rd indefinite
Nominative: man *(One's)*
Accusative: en *(One)*
Genitive: ens *(One)*

Them

Person: 3rd plural
Nominative: de *(They)*
Accusative: dem (dom) *(They)*
Genitive: deras *(Theirs)*

He

Person: 3rd masculine
Nominative: han *(He)*
Accusative: honom *(Him)*
Genitive: hans *(His)*

We

Person: 1st plural
Nominative: vi *(We)*
Accusative: oss *(Us)*
Genitive: vår *(Ours)*

Itself/Oneself

Person: reflexive
Accusative: sig (sej) *(itself, oneself)*

He/She

Person: 3rd gender neutral
Nominative: hen *(He/she)*
Accusative: hen *(He/she)*
Genitive: hens *(His/hers)*

It

Person: 3rd common
Nominative: den *(It)*
Accusative: den *(It)*
Genitive: dess *(Its)*

It

Person: 3rd neuter
Nominative: det *(It)*
Accusative: det *(It)*
Genitive: dess *(Its)*

She

Person: 3rd feminine
Nominative: hon *(She)*
Accusative: henne *(Her)*
Genitive: hennes *(Hers)* ¨

Possessive pronouns

You/Your/Yours
Person: 2nd plural
Singular uter: er
Singular neuter: ert
Plural: era

Its
Person: reflexive
Singular uter: sin
Singular neuter: sitt
Plural: sina

Your/Your/Yours

Person: 2nd
Singular uter: din
Singular neuter: ditt
Plural: dina

Our/Ours/Ours

Person: 1st plural
Singular uter: vår
Singular neuter: vårt
Plural: våra

__Mine__

Person: 1st
Singular uter: min
Singular neuter: mitt
Plural: mina

Chapter 6 – Some Final Tips for Learning Swedish Fast

Here are some final tips for learning Swedish fast:

1. Immerse yourself in the Swedish language. Listen to the Swedish radio as often as possible. Watch Swedish television. And last but not least, try to connect with a Swedish person. If you can't find someone in real life, try to connect with someone on Skype.

2. Study this book and other books every day. Read the common phrases and words every day. Try to understand the Pronouns and practice pronunciation. Remember that repetition is the mother of all skill.

3. Always have a dictionary with you. These days, your phone can work as a dictionary. However, if you don't always have an internet connection, make sure to carry a book with you. This will help you each time you are curious about what something means.

4. Begin to write in Swedish. There's a hidden power in writing something down. There's a reason why success coaches like Brian Tracy say that you should write down your goals for example. This is because it programs your subconscious mind. Believe it or not, but if you practice Swedish enough throughout the day – your subconscious mind will work during the night. The pieces will slowly begin to fall into place the more you write in Swedish.

5. Begin to read Swedish books and magazines. This will be especially useful once you've familiarized yourself with the Swedish language.

6. Start somewhere; I recommend with greetings. Before you learn the alphabet or other more complicated things – start small. I recommend that you begin with speaking and writing some greetings like "Hej, hur mår du?" (Hi, how are you?)

7. Don't try to be perfect. Swedish is a difficult language. The Swedish people are aware of this, and they are used to foreigners with an accent or that put words in the wrong context. It's okay, just learn as you go. In the beginning, don't be afraid of speaking Swenglish or as they say "Svengelska."

8. Try the app Babbel. Download the app Babbel and practice your vocabulary, grammar and pronunciation.

Conclusion

I want to thank you and commend you for sticking all the way to the end. I have no doubt that you'll master the Swedish language. I hope that you have received value from this book. I have done my best to introduce you to the Swedish language and give you the tools that you need.

Do you remember what I said in the introduction of this book?

Don't use this book just once. Instead, go back to it! Use it to its fullest potential by rereading different chapters. Also, speak the words out loud and try to become a better Swedish speaker each week.

Just to do a quick recap, here is what we've covered in this book:

First, we went over Pronunciation, Greetings, and goodbyes. After that, we took a look at some common phrases and questions. In chapter three, you discovered how to count in Swedish. Then after that, we dived into the 1951 most common words in the Swedish language. In chapter five, you got Swedish Pronouns to practice on. Last but not least, you got my best tips for learning Swedish fast.

www.ingramcontent.com/pod-product-compliance
Lightning Source LLC
Chambersburg PA
CBHW070043230426
43661CB00005B/732